Le Rêveur

Poèmes de Fubbi

MODESTE HERLIC

Edition de l'auteur
1ière Edition
2022

Le
Rêveur
Poèmes de Fubbi

Traduit du portugais par Modeste Herlic

À Sarah pour son amitié

« Au milieu de la nuit, Fubbi se réveilla et alla s'assoir à son modeste bureau où se trouvaient un stylo et quelques feuilles de papier vierges. Il s'adonna à ces dernières qui, bien que nues, étaient déjà tâchées par l'encre invisible du courage, de la sagesse et de la joie. On ne sait pour combien de temps il y resta, mais pendant qu'il écrivait, toute prétention lui échappait. En toute humilité, il exprima ce qui, de l'âme, jaillissait, tel un fleuve qui déferle dans la vallée de l'inconnu. »

M.H

SOMMAIRE

Courage

Vis le moment présent
Car les jours sont incertains
Et ta vie ne durera pas éternellement
Sois toi-même
Aujourd'hui et maintenant
Et fais ce qui te rend heureux

Ne te laisse pas impressionner
Par le regard d'autrui
Ton dos est si doux, si délicat
Sois forte
Garde la tête haute
Et ignore les envieux

Chaque nuit
Je vais à ma fenêtre
Et je dépose des graines
De sourires dans un bol
J'ai un grand amour
Pour le rossignol
Chaque matin
Ô bel oiseau !
Tous les matins
Ta chanson est un bonheur
Ton sifflement est de la poésie

La fortune frappe à ta porte
Et tu refuses de l'ouvrir
C'est absurde !
Il faut être stupide
Pour refuser de croire
Que la vie est belle
Et que tout est possible

Hier, j'ai rêvé
Que j'étais le vent
Qui remplissait le monde
Partout où j'allais
À chaque fête, je dansais
Dans chaque coin, je dormais
Je vis des hommes pleurer
J'en vis d'autres festoyer
Je larmoyai et dansai avec eux
Dans la tristesse et la gaieté

Avec mon luth doré
Je chantai au monde :
« Ô-o-o-o-o-o-o-om
o-o-o-o-o-o-o-o-om
Comme c'est merveilleux
D'écouter les mélodies de l'univers !
Quelle réjouissance infinie ! »

Les plus tristes oublièrent leur chagrin
Ils dansèrent et fredonnèrent
Ma mélodie devint leur festin
Des roses poussèrent dans leurs jardins
Et, tous ensemble, nous chantâmes :
« Ô-o-o-o-o-o-o-om
o-o-o-o-o-o-o-o-om
Comme c'est merveilleux
D'écouter les mélodies de l'univers !
Quelle réjouissance infinie ! »

12

J'ai pris l'arc de triomphe
Tigre, loup et panthère
Marchent dans mon ombre
Je suis le lion qui tombe
Puis se relève

Qu'y a-t-il au bout de la peine ?
Le sais-tu ?
Du moins, je sais qu'après chaque nuit,
Le soleil nous sourit

Vous qui êtes à bout de souffle
Sous le joug du désespoir
Libérez l'amertume
Libérez la peur
Respirez
Profondément, jusqu'aux confins du repos
Profondément, jusqu'au pays de l'âme
Ouvrez votre cœur
Sentez l'arrivée de la joie
Laissez-la entrer
Dans votre être le plus profond
Et soyez rempli de bonheur

Pourquoi es-tu déprimé
Et rongé par l'échec d'hier ?
Observe la vie autour de toi
Dans le jardin du renouveau
Les fleurs exhalent leur parfum d'amour
La prairie verte brille d'ardeur
Aux alentours, règnent les lois de la nature
Au cœur de la beauté éternelle

Le paysage, un décor vert et vermeil
Dont tu es l'unique peintre
Si tu as du cœur
Regarde l'horizon
Fais confiance au lever du soleil
Et écoute l'univers
Car chaque chant du coq
Annonce un nouveau voyage
Pourquoi se lamenter aujourd'hui
Si demain est un nouveau jour ?

Dès aujourd'hui, je ne ferai qu'une chose :
« Porter un panier rempli de sourires
Pendant que j'erre de long en large
Comme un nuage de pluie
Sur le monde et ses mystères
Si je dois tomber
Je tomberai, léger
Je tomberai doucement
Suave comme une goutte de contentement. »

Ô Soleil radieux
L'œil qui voit tout
L'étoile qui sait tout
Écoute ma chanson
Puisque je chante ton nom

Sur la route de la vie
Le temps ne s'arrête pas
Mais dans la mer profonde du ciel
Mon poème tourne et vrille
Sans fin, sans commencement

Je souris, pas parce que ma vie est belle
Je souris, car avec un cœur léger
Le fardeau de mes déceptions
Pèse moins qu'une plume
Avec celle-ci, j'écris des lignes d'Amour
Pour que tu te souviennes
Que ta vie est parfaite

La vie est faite pour toi
Elle est entièrement à toi
Et sans ta présence en elle
Il n'y aurait pas de *Moi*
Alors quand tu te retrouves
À bout de souffle
Souviens-toi :
« Toute la beauté du monde
Tout le charme de l'univers
Tout cela t'appartient
C'est pour que tu en profites
C'est pour tu t'en délectes
C'est pour que tu vives. »

Quand la vie me prive de bonheur
Je me rends dans les décombres du cœur
Je prends les briques les moins cassées
Puis j'érige la tour de l'espoir

Puisque ma propre volonté m'échappe
Je pars à la recherche de la volonté divine
Elle est là
Au milieu de la nuit
Dans le jardin céleste
Où les fleurs sont du vin
Où l'allégresse est une prairie
Je m'y coucherai, serein
Ô volonté du ciel !
Puissent tes rayons d'or
Et tes joyaux tomber sur moi !

Un jour
J'ai entendu un sage dire :
« L'amour efface les lignes mal écrites »
Phrases vaines ou fourbes
Toute beauté se fane
Devant l'Amour
Comme une fleur du mal
Dans la charmille du printemps

23

Dans le cahier de la vie
Seul l'Amour corrige les erreurs
Dans le cahier de la Vie
Seul l'Amour écrit à nouveau
Et l'Amour écrit toujours
Avec la meilleure encre
Qui puisse exister

24

Tu touches la Lune dans tes rêves éveillés
Parce que rien, sous le soleil,
Ne peut limiter tes rêves

25

Croyez en vous
Et ayez le courage de dire
« Je t'aime »
À la personne
Qui vous est chère
Avant qu'il ne soit trop tard

26

L'homme que je suis
Ne laisse pas la quête du pain
Embellir la faim de l'âme
L'homme que je suis
Ne laisse pas le goût du vin
Camoufler la soif de l'âme

Il y a un secret caché
Au cœur de la rose
Que j'ai donné à ma bien-aimée
C'est le même secret
Au cœur du lotus
Dans le marais
Près de mon centre
Est-ce la réponse des réponses ?
L'énigme qui assouvirait la faim
Et la soif de l'âme ?

J'arrête tout et je m'en vais
J'abandonne les futilités de ce monde
Loin de cette vie
Peuplée de fous
Débordant de passions
Je marcherai seul, l'esprit libéré
D'un mouvement leste
Laissant le zéphyr me caresser le visage

29

À chaque pas en avant
Tu sembles t'effondrer
Le désespoir t'afflige
La fatigue brûle ta foi
Mais avant d'abandonner
Élève ta vision
Et souviens-toi :
« Au bout de chaque nuit
L'aube accueille
Un nouveau jour
Une nouvelle chance
D'être soi-même. »

En vérité
Je suis un souffle de vent
Frais et éternel
Créé pour faire de l'air
Dans l'existence
Où les jours sont des roses
Où les nuits sont des parfums

Sous le poids du jour
Le soleil glorieux
Éveille ma vision
Au cœur de la nuit
La lune resplendissante
Illumine ma mission
Le voyage me semble éternel
Mais le chemin est libre
Et les étoiles brillantes
Dans le ciel infini
Chantent l'Amour
Me voici donc entouré
Des mélodies de l'univers

Comment la vie peut-elle me faire du mal ?
Je ne suis même pas né
Éternel comme le temps
Je suis une âme
Qui ne saigne pas
Je n'ai ni couleur ni visage
Ni esprit ni corps
JE SUIS
Un mystère pour moi-même

33

La vie n'est pas un endroit pour périr
Et si c'est le cas
Je ne veux pas le savoir
Je laisserai la mort suivre son cours
Maintenant, je souhaite ouvrir le tiroir
Et changer de vêtements
Il y a mille vies
Qui m'attendent
Dans la salle à manger

34

La mort, la mort ?
Que veux-tu dire ?
Je suis une rivière
Ma danse ne s'arrête jamais
Mes pérégrinations sont éternelles
Ma chanson est permanente
Je traverse les mondes
Mais je reste le même
Toujours en marche
Toujours au repos

Ayez l'amour dans vos yeux
Dans vos gestes
Dans vos discours
Dans vos pensées
Dans vos rêves
Ayez l'amour
Et ne dites rien
Ayez l'amour
Même si la vie se moque de vous
Et que le monde vous opprime
Ayez l'amour
Et ne demandez rien en retour
Car avoir de l'Amour
C'est avoir le TOUT

Quand tu atteindras les étoiles
Tu regarderas en bas de la montagne
Et respireras l'air pur de la victoire
Les souffrances du passé
Auront valu la peine

Durant mille vies
Je souffris sans répit
Alors je voulus rencontrer
L'âme miséricordieuse
Et quand je me suis donné à elle
Je me suis retrouvé avec moi-même
Ni le temps ni l'espace ne me définissaient
Ma compassion n'avait pas de place sur terre
Je suis l'immensité
Je suis plus grand que le monde qui m'abrite

Aucune peur ne peut conquérir
Mon amour intérieur
Au fond de moi
Je suis le roi
D'un vaste royaume

Les gens disent
Que tu parles par énigmes
Que ton poème n'est pas de la poésie
Que tu ne suis pas les règles
Que ton esprit échappe à la logique
Que tes mots sont dérangeants
Ils disent beaucoup de choses
Mais quand je te regarde
Seul le silence fait écho

40

Les vagues de richesse vont et viennent
Les vagues de chagrin vont et viennent
Mais, je suis la mer infinie
Toutes les rivières me servent
Que dois-je craindre ?

41

Je suis un être humain
J'ai beaucoup d'imperfections
Et beaucoup de qualités
Je manque de nombreuses vertus
Mais certains principes
Font ma grandeur
Parmi ceux-ci
Je suis fier d'un seul
Que je porte toujours sur moi :
« L'amour »

42

J'ai appris à aimer la vie
Même si elle semble m'oppresser
Même si je ne suis pas digne de son pardon
J'aime la vie
Et l'Amour
Est la seule vertu
Qui ne me condamne pas

Dans le firmament azuré
Il y a des rayons d'or infinis
Qui descendent sur terre
Comme une pluie d'orage
Aujourd'hui,
Je veux vivre comme un fou
J'aimerais courir de joie
Me jeter sur le sable chaud
Je ne souhaite qu'une chose
Que tout le ciel me tombe dessus !

Devant la montagne
Qui touche le ciel
Le disciple découragé
Baissa la tête
Alors le maître dit :
« Le vrai vainqueur
Ne se soucie ni du futur,
Ni du passé.
Il ne connaît pas la peur.
Comme le vent de la vie,
Il va de l'avant, sans regret,
Toujours fidèle à ses rêves
Et à ses aspirations. »

45

Où que j'aille, je conquerrai le monde
Mes propos s'inspirent du soleil levant
Il n'y a pas d'obscurité pour moi
Je suis né pour surmonter la négativité
Et je gagnerai toutes les guerres

46

Mon cœur est toujours vrai
À l'extérieur comme à l'intérieur
Ma bienveillance n'a point d'ennemi sur terre

Quand vient la nuit
Les étoiles deviennent des fleurs
Dans le lac profond du ciel
Les hommes dansent autour du feu
Tandis que les anges célèbrent loin du mental

C'est à ce moment-là
Que je m'allonge
Enroulé dans une couverture
Solitaire dans mon petit nid
Là, je suis tout seul
Loin de mes compatriotes
Avec un léger sourire aux lèvres
Je dors paisiblement
Puis je rêve d'anges
Qui célèbrent le Nirvana

Qui a dit que la nuit est terrifiante ?
De là où je suis,
Je ne vois que des diamants
Dans le bleu foncé, ils scintillent tous au clair de lune
Toute cette luminosité vient du soleil endormi
Personne ne peut échapper à la lueur divine
Pas même la lune, qui a les yeux gris
La nuit n'est pas effrayante
Elle est lumineuse et de bon conseil
Pour ceux qui ont la clarté d'esprit

O Suprême
Comme je T'aime
Dans la simplicité de la vie
Dans la beauté de l'univers

Quand la brise
Touche mon visage
Je sens Ta douce Caresse

Dans le ciel bleu
Ni clair ni sombre
Les nuages dorés et orageux
Forment L'UNITÉ

O Suprême
Ton Doux Visage
Un délice pour l'âme
J'ai confiance en Toi
« *Amour éternel* »
Guide mon chemin
À travers ce nouveau cycle

50

Je suis l'univers

51

Les fleurs du paysage
Sont plus que vertes
Elles sont des joyaux d'or

52

L'univers parle avec des mots
Dénués de son
Mais l'homme dont le cœur est bon
Peut écouter les divines chansons

53

Le voyage est long
Ma mission est inconnue
Mais au-dessus de moi
Se trouve le ciel sans fin
Une mer d'étoiles scintillantes
Je lève doucement les yeux
Merveilleux, merveilleux !
Le monde est si beau !

54

Les réponses du monde
Sont rassemblées dans un seul souffle
Depuis que je connais ma vérité
Je me couche serein et rempli de grâce

55

Les choses qui ont été faites
Les choses qui seront faites
Sont des atomes du vent
Qui dansent sur les rivières
Des pas de tourbillon
Qui remontent aux prémices
À l'origine de tous les univers

Au bord de la rivière,
La brise danse
Son mouvement réjouit
Les arbres et leurs feuilles
Un grand vent murmure
Des notes et des accords
Qui font bouger la surface de l'eau
Quel délice, cette mélodie chantante !
Danse, vent divin
Chante, brise divine
La vie est une chanson
La vie est une danse

Écoute ma voix
Je suis le vent
Écoute ma chanson :

« La panthère court et se fatigue
La tortue marche et se repose
La panthère bondit avec ardeur
La tortue se couche tranquillement
La panthère cherche la cible
La tortue suit son chemin. »

Repose-toi, mon ami
S'il te plaît, repose-toi
Aie la foi
Et crois en ma chanson
Le chemin c'est moi
Je suis le vent de la bravoure

Dans chacune de mes nuits
Des océans de rêves s'étendent
Ce sont des histoires de plusieurs mondes
Dissimulées dans le raz de marée de souvenirs
Une géante vague de réminiscence
Des images qui transcendent le Temps
Il n'y a point de vanité à déclarer
Que *« Je suis éternel »*

Chansons de joie

Allez, mes amis
Laissez-vous aller
Chassez la tristesse
Secouez la joie
Qui est en vous
Écoutez le cœur
Qui veut s'épanouir
Si vous bougez
Si vous vous permettez
De chanter avec les oiseaux
De danser avec les papillons

La vie est un voyage incertain
Un périple aux mille destinations
Une navigation sur mille mers
Des mers aux mille vagues
Des vagues aux mille danses
J'espère qu'un jour
L'humanité deviendra un danseur
Et que tous ses problèmes
Seront des pas de valse

62

À la fenêtre, ruissèle un fleuve de joie
« Joyeusement, joyeusement »
Ô aimable oiseau !
Il n'y a pas de meilleure façon
De commencer ma journée

Ô vie
Agréable gaieté
Le bonheur de danser
Le plaisir de chanter
Tout cela en vaut la peine
Et si je dois vivre à nouveau
Je le ferai avec plus de joie

Les gouttes d'eau se réjouissent
Dans la mer
Les oiseaux de joie chantent
Dans le ciel
La vie est une étoile filante
Ne manquez pas son spectacle
Regardez-la, avant qu'il ne soit trop tard
Vous ne pouvez pas la voir
Parce que vous passez la journée
À vous languir
Trop de nostalgie signifie l'ennui
Oubliez le passé
Car le « *Merry Boat* »
Ne passe qu'une fois

Le cœur d'un bon marin
Est aveugle et aime tout le monde
C'est maintenant ou jamais
Sautez sur le « *Merry Boat* »
Regardez l'eau qui danse
Et les poissons volants
Le bon marin nous sourit
Avec des dents en or
Comme c'est merveilleux
Ce « *Merry Boat* » !

Chantez et dansez
Maintenant et pour toujours
Les étoiles veulent vous voir
Elles désirent scintiller
Elles souhaitent chatoyer

Chantez et dansez
Maintenant et pour toujours
Faites briller le ciel
Et votre chemin sera éclairé
Vos pas seront illuminés

Rêver, c'est vivre
Vivre, c'est rêver
Alors, si vous aimez l'aventure
Vivez en dansant
Dansez ici
Dansez là
Il y a toujours un pas
En avant comme en arrière
Dansez ici
Dansez là
En avant comme en arrière
Vous avez toujours le choix
De tout recommencer

Comme c'est bon d'être heureux
D'être de nouveau un enfant
Plein de bonté
Plein de bienveillance
Pourvu d'un nouveau corps
Et d'une âme ancienne
Sautant de joie

Les choses de demain
Les choses d'hier
Les pensées de grandes nostalgies
C'est trop pour ma taille
Alors je crie
« *non* » au futur
« *non* » au passé
Ce qui est dans le passé est le passé
Ce qui est à venir viendra
Que je le veuille ou non
Mais puisque tout ici est agité
Je m'en vais
Je pars à la montagne
Emportant avec moi
Ma joie et mes raisins d'amour

Ce que je veux, c'est une tempête
Pas la tempête de colère, mais la tempête de joie
Une tempête qui va bouleverser ma vie
Du bas vers le haut

Ce que je veux, c'est du tonnerre
Je veux un tonnerre d'amour
Qui balaie le ciel
De mes doux rêves

Ce que je veux, c'est la pluie
Une pluie de tendresse
Qui tombe doucement

Me voici, levant mes mains en l'air
Ô comme j'ai envie de voir
Ce qui vient d'en haut !
Les bras grands ouverts
Je prends une grande respiration

70

Chaque jour de l'année
Est le printemps pour moi
Les nids d'alouettes dans mon jardin
Chaque matin
Des prairies de joie
Et des sons mélodieux
Ravissent mes oreilles

Poésie

Poétise, belle amie
Sur chaque page de ta vie
Dans toutes les contrées du monde
Tu es plus qu'une écrivaine
Voyage, belle amie
Voyage sur les routes de la vie
Écris, écris de la poésie
Dans les jardins de l'existence
Écris, écris de la poésie
Sur chaque page de ta vie
Dans toutes les contrées du monde
Tu es plus qu'une écrivaine
Tu es la parfaite couturière
Qui sait comment habiller
La *« Désolation »*
Avec des robes et des bottes de joie

73

Soyez poète
De jour comme de nuit
Soyez poète
Dans la mort comme dans la vie
Soyez poète
Dans la joie comme dans la douleur
Soyez poète
En chant comme en danse

Là où les oreilles font défaut
Tu répands des sourires
Là où le chagrin picote
Tu arroses les fleurs
Tout cela avec tes mots
Ô belle poétesse !
Quelle finesse !

Quand tout n'est qu'illusion
Quand tout n'est que ténèbres
Ô grande poétesse
Toi qui ne connais pas de défaite
Tu es une graine spéciale
Qui porte des fruits
Là où la colère a détruit

Gita

Une pensée après l'autre
Tout le temps, tout le temps
Qu'est-ce qui me cause du stress ?
Est-ce la lumière
Dans la nuit mourante ?

78

Le temps écrase tout
Ce qui tombe sous ses pieds
Rien ne lui échappe
Rien ne lui résiste
Ni le mensonge ni la vérité
Chagrin et bonheur
Sont oubliés dans sa poche
Le corps tant aimé s'est flétri
Seuls les gestes d'Amour
Restent en mémoire

Ici-bas
Où les plaisirs sont maîtres
Et les hommes, esclaves
La vie n'est que ténèbres

Plus rien ne me surprend
Quand tout est dit et fait
Le destin de tout homme
Reste le même
Maudit ou vertueux
Tous partent un jour
Laissant derrière eux
Palais et bijoux
Honneur et improbité
Richesse et pauvreté

Pourtant
Dans les yeux du Temps
Transpire la plus belle peinture
Nul autre que le visage de l'Amour
Puissent ceux qui Le contemplent
S'En délecter à jamais !

L'or et les diamants sont des pierres pour le soleil
Les choses brillantes ne m'intéressent plus
Désormais, je ferai ce qui est juste :
« Semer les graines d'amour
Et récolter les fruits de sagesse. »

Il y a longtemps
Je regardai la rivière du monde
Et y vis la feinte du diable
Il avait de l'or dans les yeux
Et de l'argent dans son sourire
Mais voici la vérité :
« Quand les pierres précieuses se perdent
Il reste les étoiles dans le ciel
Dont l'éclat danse à jamais
Dans la mort comme dans la vie. »

Celui qui vit en lui-même
Sait que nous sommes les mêmes
Sérénité ou confusion ?
Nous faisons nos propres choix
Et souvent
Nous oublions que seul l'Amour est roi

Depuis l'aube des mondes
Ce que j'ai vu jusqu'à ce jour
C'est que les phrases d'Amour
Ont conquis le Temps

84

Sagesse

85

Fais demi-tour sur la route du désespoir
Je te dis que la colère est un poison
Et la folie
C'est quand on cache son sourire

86

Si vous avez mil rêves
Choisissez-en un par un
Les rêves sont comme les étoiles
Et le bon archer ne vise qu'une cible à la fois

Quand les plaisirs
Et les désirs sont absents
Ils créent de la souffrance
Quand ils débordent
Ils créent l'ennui

88

Devant la mort
Rien ne vaut de l'or
Seul dans l'âme
Git le divin trésor
Loin de l'ego qui enflamme
Les parois du réconfort

En moi
Tout est beau et sans défaut
Là se trouve le vide
Ni sable, ni vent, ni feu, ni eau
Seulement la conscience infinie
Comme une mer illimitée
Au-delà du jour et de la nuit
Rien que l'éternité
Rien que « *Moi* »

90

Toi qui es ivre
Sois le tronc
Du baobab
Quand le vent de la vanité
Balaie le paysage

La joie fuit le pleutre et l'esprit avide
Comme le cerf qui échappe à la panthère

92

Le chemin de la sérénité
Est difficile à trouver
C'est un parmi des milliers
Caché de ceux
Qui vivent sans amour

93

Tous vos problèmes
Dorment
Dans le berceau de l'impatience

94

Observez-vous en silence
Écoutez avec votre cœur
Et chantez avec l'univers
L'univers parle
L'univers chante
La réponse à vos problèmes
Marche dans votre ombre

95

Si vous voulez une bonne existence
Vous devez parler à la tortue
Qui détient la clé de la patience

96

Marchez doucement
Parlez suavement
Répondez calmement
À la tombée de la nuit
Allongez-vous
Et dormez tranquillement
C'est ça la belle vie !

« Attention, attention
La passion est un poison »
Vous qui désirez la beauté
Belladone est en route
Belladone, belle fleur
Vêtue d'une robe majestueuse
Portant un parfum d'enchantement
Admirez-la, mais ne la convoitez pas
Observez-la, mais ne la consommez pas
Belladone est belle
Mais, je chante et je répète
« Attention, attention
La passion est un poison »

Les hommes sont la paille
Qui recouvre la Terre
Alors soyez patient, soyez gentil
Et souvenez-vous :
« Une goutte de haine
Peut mettre le feu au monde. »

Avant que mon cher père ne parte, il m'a dit : « *Mon enfant, ne regarde pas le monde avec tes yeux. Observe-le avec la vision du soleil. Ainsi, tu connaîtras ton but.* »

« *Aime toutes choses. Aime toutes choses* », murmura-t-il au dernier moment.

Voyage en paix, grande âme !

L'amour que tu m'as enseigné est éternel.

Celui qui va et vient
Détaché du monde
Pose des actes d'or
Qui ne se corrodent pas
Et ne s'effacent jamais
Dans mille ans
On se souviendra encore
De cette belle âme

Les actes d'or ne construisent pas de palais
Mais projettent de nombreux sourires
Sois donc le vent, mon amie
Détachée du monde
Et montre tes dents blanches et perlées
Ne cache pas ta beauté

Aime-toi toi-même
Aime ton prochain
Aime l'univers
Et aime le questionnement
Si tu le fais ainsi
Le destin peut te tromper
La mort peut te surprendre
Mais ta vie ne sera pas
Un éclair dans le ciel

Allez-y
Les chemins sont libres
Et votre destin ne repose
Ni dans le passé ni dans le futur
C'est le diamant
Dans la boucle d'oreille
De chaque instant
Alors, embellissez-vous
Marchez avec assurance,
Portant sur vous
Les joyaux de chaque moment

N'ayez pas peur
Car personne ne marche seul
Tout le monde aspire à votre succès
Toute l'existence est votre famille
Les forêts, les étoiles, les mers,
Les lunes, les soleils, les déserts, les rivières…
Tous chantent et dansent
Au concert de votre existence

Pendant un instant
Oubliez les factures à payer
Ignorez les blessures à soigner
Abandonnez la peur que le manque cause
Nourrissez le cœur qui apaisera votre douleur
Gratitude, gratitude
TOUT est gratitude

Éloignez-vous des bavardages
Allez au cœur du silence
Joignez vos mains
Rayonnez la gratitude
Le monde vous en sera reconnaissant

C'est une bénédiction d'aimer son fils
C'est une bénédiction d'aimer son épouse
C'est une bénédiction d'aimer sa fille
C'est une bénédiction d'aimer son époux
Mais, aimer l'Amour et Le servir
C'est la réunion de toutes les bénédictions

Écris les lignes de ta vie
Avec les mots d'amour
Et les personnes qui te liront
Se réjouiront d'une joie absolue
Ainsi oublieront-elles leurs chagrins

Les fleurs de la vie
Luxuriantes ou fanées
Ne parlent que de beauté

Souffrance et joie
Font partie de la vie
Mais l'Amour
Dont la compréhension
Est au-delà de tout
Est le chemin ultime
La seule route
Qui mène à la vraie Vie

Chansons de l'âme

Au bout d'une vie lointaine
Toute forme devint cendre
Vanité des vanités
Toute vérité perdit son sens
Je m'assis dans un temple
Où régnait le silence
Et j'entendis :
« L'univers entier est en toi
Tu peux le sentir
Si tu le veux bien. »
Alors je souris et consentis
Devant la vérité absolue

Viens chanter avec moi
À l'opéra de la vie
Viens danser avec moi
Sur la scène de l'existence
Qui est vaste et infinie

Si tu ne danses pas aujourd'hui
Si tu ne chantes pas aujourd'hui
Que feras-tu dans la mort ?
Où le vide règne
Sans scène
Sans public

Allez, viens
Viens avec moi
Laisse-moi te transporter
À travers la joie de l'âme
Viens et fais-moi confiance

À travers le murmure du vent
Chantent les muses du présent
En silence
J'entends les merveilleux vers du moment
Comme elles sont douces les mélodies de l'âme !

Les rêves deviennent des flûtes de l'âme
Quand l'esprit marche dans le calme
Suave symphonie, mais dépourvue de son
Dans les profondeurs du silence
J'écoute les plus belles chansons
L'ultime réponse n'est nulle part ailleurs
Elle est ici même, dans le jardin de ma sérénité

On m'a dit :
« Va et trouve ta vérité. »
Alors j'ai construit une route
Dans le pays de l'âme
Et j'ai commencé mon voyage

Pendant que je me dirige vers mon but
Le mental grogne, « C'est par ici, c'est par là »
Mais, je marche calmement et sereinement
Satisfait et confiant

Bien que la pluie d'incrédulité
Tombe comme des pierres sur ma tête
Je sens les gouttes d'eau cajoler
Ma peau lisse et dorée

Le soleil de la colère brûle
Mais je marche et je remercie
Gratitude est mon protecteur !
Gratitude est mon arc !
Sur mes lèvres
Règnent mille sourires
Ce sont des flèches que je décoche
Quand le mental m'attaque

Ô Bonté, ma grande amie
Viens tuer mon amertume
Pour que je puisse atteindre mon cœur
Où je suis Maître des univers

On vient au monde
Pour apprendre de nombreuses leçons
Mais le véritable apprentissage
Transpire dans le placard de l'âme
Ô penderie invisible
Ouvre-toi ! Ouvre-toi !
Je souhaite « Me » voir

Je suis Fubbi
Poète pour les uns
Rêveur pour les autres
Mais au fond de moi
Je ne suis ni l'un ni l'autre

Dans mon royaume intime
S'étend un jardin splendide
Où mon trône est sublime

Aux yeux du monde
La plupart du temps
Sur les sables mouvants
Je ne suis que « *pensées* »
Me laissant aller
Parmi les âmes voilées
Dans ce monde confus
Où je monte les marches
Du connu et de l'inconnu

En fin de compte
Je suis un être ordinaire
Qui voit, pense et juge
Mais, parfois, dans la solitude
Mes rêves deviennent des poèmes

Instagram de l'auteur : @herlicpoemas